Registro de la Etiqueta Roja

Fecha del Proyecto: _____   Area de Trabajo: _____

Descripción del Artículo	Fecha de Clasificación	Número en La Bitácora	Razón de la Etiqueta	Clasificación (i.e. necesita permiso, otro depto. necesita evaluarse, tirarse, etc.)

© ENNA
KNOWLEDGE INTO PRACTICE

A **Productivity Press** Product

www.enna.com
www.productivitypress.com

Registro de la Etiqueta Roja

Fecha del Proyecto: _____   Area de Trabajo:_____

Descripción del Artículo	Fecha de Clasificación	Número en La Bitácora	Razón de la Etiqueta	Clasificación (i.e. necesita permiso, otro depto. necesita evaluarse, tirarse, etc.)

www.enna.com
www.productivitypress.com

Registro de la Etiqueta Roja

Fecha del Proyecto: _____   Area de Trabajo:_____

Descripción del Artículo	Fecha de Clasificación	Número en La Bitácora	Razón de la Etiqueta	Clasificación (i.e. necesita permiso, otro depto. necesita evaluarse, tirarse, etc.)

www.enna.com
www.productivitypress.com

Registro de la Etiqueta Roja

Fecha del Proyecto: _____   Area de Trabajo:_____

Descripción del Artículo	Fecha de Clasificación	Número en La Bitácora	Razón de la Etiqueta	Clasificación (i.e. necesita permiso, otro depto. necesita evaluarse, tirarse, etc.)

www.enna.com
www.productivitypress.com

Registro de la Etiqueta Roja

Fecha del Proyecto: _____   Area de Trabajo:_____

Descripción del Artículo	Fecha de Clasificación	Número en La Bitácora	Razón de la Etiqueta	Clasificación (i.e. necesita permiso, otro depto. necesita evaluarse, tirarse, etc.)

www.enna.com
www.productivitypress.com

Registro de la Etiqueta Roja

Fecha del Proyecto: _____   Area de Trabajo: _____

Descripción del Artículo	Fecha de Clasificación	Número en La Bitácora	Razón de la Etiqueta	Clasificación (i.e. necesita permiso, otro depto. necesita evaluarse, tirarse, etc.)

www.enna.com
www.productivitypress.com

Registro de la Etiqueta Roja

Fecha del Proyecto: _____   Area de Trabajo:_____

Descripción del Artículo	Fecha de Clasificación	Número en La Bitácora	Razón de la Etiqueta	Clasificación (i.e. necesita permiso, otro depto. necesita evaluarse, tirarse, etc.)

Registro de la Etiqueta Roja

Fecha del Proyecto: _____   Area de Trabajo:_____

Descripción del Artículo	Fecha de Clasificación	Número en La Bitácora	Razón de la Etiqueta	Clasificación (i.e. necesita permiso, otro depto. necesita evaluarse, tirarse, etc.)

www.enna.com
www.productivitypress.com

Registro de la Etiqueta Roja

Fecha del Proyecto: _____   Area de Trabajo:_____

Descripción del Artículo	Fecha de Clasificación	Número en La Bitácora	Razón de la Etiqueta	Clasificación (i.e. necesita permiso, otro depto. necesita evaluarse, tirarse, etc.)

www.enna.com
www.productivitypress.com

Registro de la Etiqueta Roja

Fecha del Proyecto: _____   Area de Trabajo: _____

Descripción del Artículo	Fecha de Clasificación	Número en La Bitácora	Razón de la Etiqueta	Clasificación (i.e. necesita permiso, otro depto. necesita evaluarse, tirarse, etc.)

Registro de la Etiqueta Roja

Fecha del Proyecto: _____ Area de Trabajo:_____

Descripción del Artículo	Fecha de Clasificación	Número en La Bitácora	Razón de la Etiqueta	Clasificación (i.e. necesita permiso, otro depto. necesita evaluarse, tirarse, etc.)

www.enna.com
www.productivitypress.com

Registro de la Etiqueta Roja

Fecha del Proyecto: _____   Area de Trabajo:_____

Descripción del Artículo	Fecha de Clasificación	Número en La Bitácora	Razón de la Etiqueta	Clasificación (i.e. necesita permiso, otro depto. necesita evaluarse, tirarse, etc.)

Registro de la Etiqueta Roja

Fecha del Proyecto: _____   Area de Trabajo:_____

Descripción del Artículo	Fecha de Clasificación	Número en La Bitácora	Razón de la Etiqueta	Clasificación (i.e. necesita permiso, otro depto. necesita evaluarse, tirarse, etc.)

Registro de la Etiqueta Roja

Fecha del Proyecto: _____   Area de Trabajo:_____

Descripción del Artículo	Fecha de Clasificación	Número en La Bitácora	Razón de la Etiqueta	Clasificación (i.e. necesita permiso, otro depto. necesita evaluarse, tirarse, etc.)

www.enna.com
www.productivitypress.com

Registro de la Etiqueta Roja

Fecha del Proyecto: _____   Area de Trabajo: _____

Descripción del Artículo	Fecha de Clasificación	Número en La Bitácora	Razón de la Etiqueta	Clasificación (i.e. necesita permiso, otro depto. necesita evaluarse, tirarse, etc.)

www.enna.com
www.productivitypress.com

Registro de la Etiqueta Roja

Fecha del Proyecto: _____   Area de Trabajo: _____

Descripción del Artículo	Fecha de Clasificación	Número en La Bitácora	Razón de la Etiqueta	Clasificación (i.e. necesita permiso, otro depto. necesita evaluarse, tirarse, etc.)

www.enna.com
www.productivitypress.com

Registro de la Etiqueta Roja

Fecha del Proyecto: _____   Area de Trabajo:_____

Descripción del Artículo	Fecha de Clasificación	Número en La Bitácora	Razón de la Etiqueta	Clasificación (i.e. necesita permiso, otro depto. necesita evaluarse, tirarse, etc.)

www.enna.com
www.productivitypress.com

Registro de la Etiqueta Roja

Fecha del Proyecto: _____   Area de Trabajo:_____

Descripción del Artículo	Fecha de Clasificación	Número en La Bitácora	Razón de la Etiqueta	Clasificación (i.e. necesita permiso, otro depto. necesita evaluarse, tirarse, etc.)

www.enna.com
www.productivitypress.com

Registro de la Etiqueta Roja

Fecha del Proyecto: _____   Area de Trabajo:_____

Descripción del Artículo	Fecha de Clasificación	Número en La Bitácora	Razón de la Etiqueta	Clasificación (i.e. necesita permiso, otro depto. necesita evaluarse, tirarse, etc.)

www.enna.com
www.productivitypress.com

Registro de la Etiqueta Roja

Fecha del Proyecto: _____   Area de Trabajo:_____

Descripción del Artículo	Fecha de Clasificación	Número en La Bitácora	Razón de la Etiqueta	Clasificación (i.e. necesita permiso, otro depto. necesita evaluarse, tirarse, etc.)

Registro de la Etiqueta Roja

Fecha del Proyecto: _____ Area de Trabajo:_____

Descripción del Artículo	Fecha de Clasificación	Número en La Bitácora	Razón de la Etiqueta	Clasificación (i.e. necesita permiso, otro depto. necesita evaluarse, tirarse, etc.)

A **Productivity Press** Product

www.enna.com
www.productivitypress.com

Registro de la Etiqueta Roja

Fecha del Proyecto: _____   Area de Trabajo: _____

Descripción del Artículo	Fecha de Clasificación	Número en La Bitácora	Razón de la Etiqueta	Clasificación (i.e. necesita permiso, otro depto. necesita evaluarse, tirarse, etc.)

www.enna.com
www.productivitypress.com

Registro de la Etiqueta Roja

Fecha del Proyecto: _____   Area de Trabajo: _____

Descripción del Artículo	Fecha de Clasificación	Número en La Bitácora	Razón de la Etiqueta	Clasificación (i.e. necesita permiso, otro depto. necesita evaluarse, tirarse, etc.)

www.enna.com
www.productivitypress.com

Registro de la Etiqueta Roja

Fecha del Proyecto: _____   Area de Trabajo:_____

Descripción del Artículo	Fecha de Clasificación	Número en La Bitácora	Razón de la Etiqueta	Clasificación (i.e. necesita permiso, otro depto. necesita evaluarse, tirarse, etc.)

www.enna.com
www.productivitypress.com

Registro de la Etiqueta Roja

Fecha del Proyecto: _____ 　　　Area de Trabajo: _____

Descripción del Artículo	Fecha de Clasificación	Número en La Bitácora	Razón de la Etiqueta	Clasificación (i.e. necesita permiso, otro depto. necesita evaluarse, tirarse, etc.)

www.enna.com
www.productivitypress.com